GRAFFITI

POESÍA

HUERGA & FIERRO EDITORES

HUERGA Y FIERRO EDITORES, S. L. U.
C/ SEBASTIÁN HERRERA, 9
28012 MADRID (ESPAÑA)
TELÉFONO: 91 467 63 61
E. MAIL: huerga@huergayfierro.com
WEB: www.huergayfierro.com

PRIMERA EDICIÓN
2025

DISEÑO DE ÁNGEL LUIS VIGARAY

DEPÓSITO LEGAL: M-12088-2025 — I. S. B. N: 978-84-129307-8-8
IMPRESO EN ROMADAC Industria del Libro.
IMPRESO EN ESPAÑA

HISTORIA DE LA CARNE

Bileysi Reyes

HISTORIA DE LA CARNE

BILEYSI REYES

GRAFFITI

HUERGA & FIERRO EDITORES

Nací a los treinta y tres años, el día de la muerte de Cristo; nací en el Equinoccio, bajo las hortensias y los aeroplanos del calor.

VICENTE HUIDOBRO. Altazor

Cuando era niño, hablaba como niño, pensaba como niño, juzgaba como niño; más cuando ya fui hombre, dejé lo que era de niño. Ahora vemos por espejo, oscuramente; más entonces veremos cara a cara. Ahora conozco en parte; pero entonces conoceré como fui conocido.

1 de Corintios 13: 11-12

Un nuevo día lleno de sol. Despego mi ventana y la luminosidad cae en la habitación. Luz amarilla y vital. Me da miedo por sus ansias fugitivas. No me acompaña en las horas de estudio, no me sonríe en mi encierro benéfico; todo lo contrario; me llama junto así, al paseo matinal, lleno de árboles y seres que caminan.

ALEJANDRA PIZARNIK
Diarios. 24 de septiembre de 1954

Duermo junto a la ventana y la luminosidad me refriega en su archipiélago de horror. Es un día claro, auroral, de fantasmas olvidados, de cuadernos rendidos a los susurros de la noche. Mis pasos zigzaguean los pasillos de mi mente; permito que las palabras repueblen mis espacios. El momento oportuno se rinde a las inconformidades del encierro.

BILEYSI REYES
Cuaderno de anotaciones
Domingo 29 de marzo de 2020

HISTORIA DE LA CARNE

El recuerdo de la casa infanta me busca en sueños. Nuestra casa era una corola de rostros abiertos fundidos en la pared. Hermana y yo comulgábamos con el ojo tallado en el techo de nuestra habitación; nos contaba historias de cuántos habían muerto en nuestra sangre.

El viento doblaba la herida que salía por la ventana.

El signo es el correo interno del lenguaje: rodeado de chubascos indiscutiblemente erizado en la otredad de un camino corroído en la planicie.
Adentro: el sonido de las cuerdas serpentea en el techo.
La nuez de Adán arde en cascada frívola: se parte en azul torbellino de un espanto.
Este naufragio de palabras se resiente
riñe colinas deshuesadas.
Se hace gracia en la punta del dedo:
impaciente
encharcado de cenizas atraídas por su barro.

EN EL INSTANTE EN QUE ME INCLINO PARA ESCUCHAR EL CANTO DE UNA LUCIÉRNAGA

La noche se arremolina y no estalla
no estalla nunca sobre los globos oculares.

El principio de Arquímedes
se me hace denso

No entran campañas terrestres.
No hay sumisión placentera.

¿Hacia dónde se fueron las palabras?

Se han sumergido como aureola de orfebre.

–

Me levanté de prisa y encontré huesos sobre el cenicero.

+++

Sin importar el tiempo, estoy en el mismo lugar.

Y esa voz que te gritó vives y no te ves vivir
VICENTE HUIDOBRO

Es el ahora[1] quien rompió los cristales y derramó campanas de luciérnagas que danzan sobre un vacío de nubes desamparadas.

Un cantar filoso resurge con las piedras: el alba y el rocío han muerto y se han lanzado a las llamas de un olvidado sepulcro.

La risa me deambula en los costados.

* * *

Mientras tanto, rendida sobre el ocaso fundido, me he vuelto epopeya sobre la carne.

* * *

Mi fe se desangra como una hoja marchita que se ha hecho entidad en el destierro.

...porque mi placer ya no estaría en el mundo sino en la literatura.
MARCEL PROUST

Hoy el día me arde entre las sombras.

1 (presente sostenido)

...pero me parece que se depende
de los lugares por el espíritu,
el humor, el gusto y el sentimiento
JEAN DE LA BRUYÈRE

El ojo palpitante se hizo inquietud sobre un par de monedas.

Las palabras están solapadas, ya no vienen los cantos: se han empozado y viven como si no predijeran su duelo de luces agrias.

Los dioses de Iðavöllr me han comentado la agresión de la luminosidad. El día se impone a pesar del asesinato del ave. Fríamente, la culpa los tortura en un tropel de crisantemos.

Hablaré de la autenticidad: llevo las manos tendidas sobre un gorjeo de narices superpuestas y la mente camuflada con la nube negra del apocalipsis.

Cada vez me atormenta la incapacidad de hilar un pensamiento. Extiendo los brazos y solo encuentro un frío seco en la pared.

Las palabras están hechas para volar:
era consternado volver a oír, fijas,
definitivas y como promovidas
a la dignidad del poema
SIMONE DE BEAUVOIR

1

Hoy he pensado en los pasadizos secretos del alma, ¿qué nos hace ser?

2

Me despierto voluminosa y mi resistencia se adhiere a las palmeras. Mi propia sangre se emulsifica y emula la sobriedad que se ahueca en un frenesí marchitado de elocuentes voces.

3

Nuestros derechos están lindados, dicen. Yo digo que están prensados y en el acecho no hay dignidad que los disponga.

3

Otras voces pululan en los pasillos de mi mente.

3

Y no discrimino las palabras, por eso se adhieren a mi sombra.

EL ALMA ESTÁ IMPACIENTE

Las palabras se me pegan a la boca
[las frases se me pegan a la boca:
y soy un palíndromo interpretado por un ave fusilándose
en el hueco.

++

He creído que me detengo,
paseándome en los andamios.
Siempre mis ruinas emergen y ya no sé si soy
pero existo

+++

Me canta la paciencia en la miseria:
la soledad me pisa los talones.

En la cocina veía tumbos caer de mi pupila: era una levedad de carencias que se robustecían al hacerse un hueco con la flama. Madre recogía las hojas de té-agua y nos bañaba-cubría las fiebres en su manto de azufre.

Ese olor sostenido era clavélulas diurnas: pacían sobre mi pecho: aullaban sobre nuestras cabezas.

LA HABITACIÓN ES UNA ISLA FRÍA Y SILENCIOSA: ME ACUNA EN LOS MOMENTOS DE HASTÍO

Se me ha empozado el ojo en el costado asimétrico mi ojo nunca duerme vive espeso entre matorrales desérticos mi ojo siempre emula la carne en la incineración mi ojo está presente en su forma todas sus arterias sujetas al intersticio mi ojo inmiscuido disciplinado ha caído hueco desde el suelo.

PERMANEZCO TRANQUILA Y PERTINENTE POR FUERA, POR DENTRO ARDO CON UNA LLAMA SOFOCANTE

Entumezco los sentidos de mi consciencia y ya no sé si soy liviana con un mundo reducido hacia afuera de otro mundo interno cuadriculado cómo quisiera entrañarme lejos las oraciones malgastadas perpetuadas con un pendón dentro de la tinta y mi cabeza me pide que detenga esta sed maldita de mi propia penitencia que me arropa la garganta.

Creo en la forma vertical de la torcedura del hueso
rojizo en su simetría
espina mordaz que duele en la comisura.
Es el cuerpo que no aprende a sopesar
el oprobio de lo que ha sido y lo que se mece.

Mi dentadura ya está expuesta
le encanta competir con el cuerpo.

A mi cuerpo gusta la sublimación de las formas
mascar lo aprehensivo
lo que es tenue.
Marcha hacia atrás en su esfera violeta
y se sujeta contra el tallo sumergido en sus minerales.

EL CUERPO SE HA RESTITUIDO EN LA SEMILLA

Hay aves que vuelan hacia el centro con el torso desnudo.

Hay un rostro mesurado.

Hay una figura con un nido en los ovarios: sus piernas están erguidas y sus brazos extendidos. En su costilla una forma cuadriculada resume huecos.

Hay unos ojos hacia una luz y una luz hacia los pechos. El tronco y los labios permanecen cerrados.

Hay una sombra ensombrecida y unos pies que se mueven. La semilla, hacia el opuesto de la luz, está desnuda.

Hay una sangre consumida y un cordón inexistente.

La clavícula está expuesta en su venia estirada.

EL MAR ES UN CUENCO DE MARIPOSAS

Es un cuenco de mariposas el mar
apenas un abismo
una liturgia de agua.
Es esa esfera que muerde y me sofoca.
Retomo el tiempo madruguereada con los sueños.
Embebida de luces agrias:
un sueño semental me acecha.
Transito pedestales
el reloj sucumbe retozándose en el hueco:
retorcida
la humedad se quema encerrada con la muerte.

ME VUELVO LEY

Promulgo sobre el espacio
rodeada de nombres imantados.
Hay un dejo entreabierto
un dique resumido por las olas.
La marea se pierde adentro:
las criaturas circunferean a sus anchas.

ESCUCHO PÁJAROS EN MI BOCA

Es preciso detener el paso para que vuelen los peces
de sus crines ondea la luna como un rostro semiabierto.
Una abertura en los estómagos contiene alas
es la noche, vuelvo como estrellas de mar.

*

No me iré
porque no hay luna tan blanca que ondee sobre las crines
de los peces.
De sus estómagos
caerán azules sus alas.

REM

Desprovista de manos que sacudan mi lienzo
sueño con siluetas cerradas.
No hay más que rostros imbuidos
agrietándose en la niebla.

*

Esos rostros han resquebrajado la figura de las formas
constreñidos en el ocaso
acarician la otredad
de su origen.
Sus ojos calcinados,
agazapados
son traídos como insectos.

Enciendo un hilo blanco en el crepúsculo.

SI EL AMOR NO ES UN DESTELLO DE LUNA, ¿QUIÉN CALCINA A ESTOS HISTÉRICOS BORRACHOS?

Si vieras qué agonía representa la luna sin esfuerzo
Vicente Aleixandre

La luna me mira fijamente en su abisal fantasma, entumecida por las hojas, hostigada por la sal. Un sonido denso me retumba hasta los huesos. Me sofocan los reflejos de espinas mordidas sobre esta estrella de arena. Su luz palpita recordándome la cremación. Su destello ovalado ensordece al encontrar el desastre de la flama. Y si piensa volverse hueco el destierro, me he llevado un río de perlas. La epifanía de la medianoche conversa con el trueno.

Este sendero come siluetas desbocadas. Se mira frente al espejo y ve en su rostro una fotografía. El entreverso se consume, vomita sobre la cuerda. Sácala de estos hemisferios cerrados. Necesita fundirse en la pared, sumergirse retozando, atragantarse con estelas de humo. Hay que llevarla al altar a que se queme. Dile que vuele como espíritu. Que reclame su parcela en el infierno.

Sale el tumulto impertinente. Se sale de sí, se escribe sobre sí misma, sobre la página, el lienzo. Ya no quedan brujas tejiendo cicatrices. Ya no quedan violetas arrastrándose en el heno. Corro en una revuelta de verde. Caigo sobre el camino de piedra, detrás de los matorrales, más allá del árbol de mango, más cercano que las guayabas, donde el viento agita con violencia mis cabellos. Quiero decir que de su espalda sale un hombre triste, y ella está sentada en un banco esperando, siempre esperando. Detrás hay formas y peces corren por sus ovarios.

Vuelvo atragantada con la espina en el costado.

En mi sueño, hermana emulaba una canción que se superponía a los confines del lenguaje. Padre dormía tranquilamente sobre el montículo de heno en nuestra sala: Ya no queremos más tu silencio, *le dijimos y el cielo se tornó de un rojo acrisolado.*

Detrás de nosotras una enorme ciudad nos absorbía como un sepulcro.

LA MAÑANA SE ME ANTOJA LENTA

Yo me impongo sobre el lecho vedado de la lumbre.
Cuando los pensamientos ondean las hojas de los jobos,
miro hacia el crepúsculo
oteando un llanero cubierto de cogollos de ceniza.
La humareda se mezcla con el vaho de las cañas.
Hay una costa que zumba en remolino
y trae arrinconadas esferas de plata.

+++

En el trayecto oigo espejos y ruiseñores bordean el cielo.
Yo los comprendo en el subir y venir de la rosa,
en la intrincada marea de los cordeles,
en la sístole de circundadas estelas que susurran en vuelo
abierto.
Cabalgan sobre mi pecho.

CUANDO MAROSA ERA MAROSA YO ERA UNA VENTANA ABIERTA

A veces venía también una falena
que se posaba sobre mí y nos convencía a mí
y a ellas de que las tres éramos Marosa
Silvia Goldman

A Marosa di Giorgio

Cuando Marosa era Marosa yo era una ventana abierta
y una cesta de panes
un capullo de rosa
un bolsillo de su falda.
Corríamos sobre la marea y nos atrincherábamos como luciérnagas.
Los templos nos mordían el campo: había glicinas y cardamomos
había magnolias y mariposas de fuego edulcoradas por la sal.

Cuando Marosa era todavía Marosa yo era una comadreja salvaje.
Marosa se llamaba a sí misma: Marosa.
Nos llamábamos: Marosa como eco en la colina
y el grito nos salía de costado.
Desde entonces rompíamos la tradición
para nunca entrar en el duelo de que yo me refracte sobre Marosa
ni que Marosa se refracte en un espejo
donde lenguaje es también una casa
donde el desprendimiento es también pómulos hundidos.

La llama latía viva en la carne
se sumergía como maraña de cuernos sobre la boca
y sobre mi pecho
relucía el arma ardiente: la palabra.
Enmohecida por los misales
sometida a las montañas
caí como cien gotas de fuego
entre corrientes de ceniza.

MI LOCURA SERÍA DEJAR PASAR AL MUNDO CON SU CANTO

Ya jamás volveré a morir tan levemente,
tan fuera del cuerpo, tan inconsistente
como antaño en su sueño
WISLAWA SZYMBORSKA

¿Qué reafirmará el idílico recuento?,
¿las casualidades?,
¿el azar?
Él buscará una novia.
Yo transitaré otros caminos,
otras luces,
otros recuerdos.
Pasarán los años
y no quedará
ni una gota de roce,
ni un efluvio de su carne,
ni el color de su pupila.
Sus verbos volarán
por los bosques
y los recogerán las termitas,
las gaviotas.
Un péndulo ondeará
llameante,
putrefacto
mientras no pueda recogernos.

VEO UNA COROLA DE ESTÓMAGOS ENFURECIDOS

El borde de la mesa corrompe
astilla
fluctúa como herbolario en la corroída pecera:
un entrecejo en llamas
un tintineo de voces
en el epicentro de la barbarie.

Y soy un trueno: vociferando
y soy una nube: rebotando sobre la hoja de un sauce.
Claramente la tempestad come duelos
en el sulfúrico mar de su oscuro.
Hay un misterio que se disemina
tiembla como espinas:

(esta temblorina de mar corroe la noche)

(esta llovizna de sueños se vuelve puños en la noche).

Prefiero comulgar con el tiempo.
Se repite el sueño y abarca:
abre un temporal al camuflarse en su juego.

¿HACIÉNDOME EN EL INTERIOR DE LA PUPILA?

Ha surgido una pregunta cruel: consumida en una alteridad desesperante: retorcida en la maraña de ojos claros: ojos podridos concienzudamente arbitrarios: camina entre los setos: se convierte en torbellino calcinada por el rayo: raída sobre la torre insípida: cortada al ras: se inclina sobre el diván y no puede sino estallar ráfagas de aire: ya no necesita la sal de las pieles teñidas de rojo: se tornan violetas inclinadas en el iris.

PAVANA SOBRE LA CRISIS DE LOS 30

Si todas las lámparas de la casa se apagaran
podrías vendar esta herida
ANNE CARSON

Es una parábola mi cuerpo
mi cuerpo muta sin pedirme permiso:
poros dilatados huesos que rechinan
¿quién les puso número a los óvulos?
retinol
protector solar
cremas hidratantes
la faja se encuentra fija con la carne
gimnasio extensor mayor
abdominales
ocho vasos al día
ocho horas de sueño
brócoli coliflor
broil con las fajitas de pollo
se abre la herida real
el burnout las cinco de la tarde
la calle agrietada en mi epidermis
pezones tallan colinas laterales
sobre mi pecho

NADIE SABRÁ EL INSTINTO DE LA ALFOMBRA

He viajado por el mundo, incluso a Etiopía
pero nunca he visto nada que se compare
con tus ojos mirando hacia atrás
SAYAT NOVÁ

Un ojo abierto al filo del cuchillo
serpentea
como osamenta antigua
prorrumpiendo la luz.

La cámara florece
en un trajín de manos sin cuerpo:
la repetición cruzada
desfigura un vestigio
de una multitud de voces sin ruido.

Existe un poema que modula
que retuerce el tronco con su savia
(demasiado entendimiento promueve la huida)
explora la luz
palpita
sucumbe entre cruces
en un átomo de agua.

Existe un poema-piedra
no sirve para orillar el día
no es más que abedul
efeméride sin causa
un oasis sin tiempo
en el equinoccio de un abismo.

El lago se ha extinguido,
oscuro duerme el cañaveral
murmurando en el sueño
HERMAN HESSE

La carne es esa casa alveolada en la colina. Ella busca en mi interior vestigios de un rostro ennegrecido que salió volando una tarde de agosto. Atraigo los espejos que conforman sus fauces. Soy volátil corrompida en la garganta: esperar es siempre conservar la gracia, es no enervarse consumiendo un filo en el ojo del agua. En el epicentro de la luz miro hacia el abismo, hay un llano horizontalmente cubierto de hojas secas, donde existen casas a las que no podré volver. Sus luces tallan removiendo sus pieles negras. Sus ojos, escindidos en la pared, lloran por aquellas luces, resienten los reflejos camuflados en dos millones de ápices: se traducen extensivamente a dos kilómetros y medio. Cuánto llorar con la cara alborotada: el mundo se vuelve sepia en la pupila. Hay poblados así: lúgubres en su trajinar espeso.

La casa ha envejecido con mi sueño: se ha entregado al esquicio y no puede sino estallar tachuelas convertidas en moho.

Esta casa resulta pequeña en su llanto: ya no surgirá jamás como una estípula.

En el ala izquierda
la noche en su trino
parece venir desde la sangre
se abre el hueco en el pasillo
hasta la médula
trata de emular la sobriedad del tallo
(acallarse es de pronto convertirse en trueno)
en no devorar la cola de la plaga

Atrapo a sorbos y modulo mi cuerpo alveolando al pulgar de tu mejilla: tus manos gruesas de dedos comidos por el tiempo: tus manos huellas dactilares: reflujo sanguíneo hasta la punta: tus cabellos sostienen la esquina del mundo hasta tus ojos que queman que dejan astillas en tu voz de canto grueso: tu voz de medianoche en tu pecho que acoge al mío en tu orilla: mi pecho de alas grandes: vocablo de mar desdibujado: unidades agrarias se refractan entre el hueso compacto: hueso esfinge conjugado hasta la médula: el codo sostiene a la raíz en cuarto menguante: tus labios entrecruzan mis palabras hasta tu oído.

¿Y en qué mundo existes todavía?

Frente a nuestra casa resplandecía aquel árbol-zarza ardiendo: nosotros recogíamos sus frutos cada viernes a las seis de la tarde. Con prudencia, nos adentrábamos entre los hierbajos y mirábamos pacientemente cómo sus bastos corceles caían en cascada. De sus hojas una mirilla de perlas resoplaba un vaho que nos atemorizaba. Un remolino salió de la cúpula e hizo llorar a hermano. Madre salió a barrer sus hojas, oraba por sus hojas, reñía por sus hojas, hasta que nos hartamos y lo echamos de nuestra puerta. Ya no queremos más tus frutos, le dijimos y se apagó la luz como una iglesia. Y todos empezamos a gritar, porque un candil nos encendía las máscaras.

De pronto, vimos nuestros rostros oscuros.

ÍNDICE

HISTORIA DE LA CARNE

El recuerdo de la casa infanta me busca en sueños. 15
El signo es el correo interno del lenguaje 17
En el instante en que me inclino para escuchar el canto de una luciérnaga 19
Es el ahora1 quien rompió los cristales 21
El ojo palpitante se hizo inquietud sobre un par de monedas 23
Hoy he pensado en los pasadizos secretos del alma ... 25
El alma está impaciente 27
En la cocina veía tumbos caer de mi pupila 29
La habitación es una isla fría y silenciosa: me acuna en los momentos de hastío 31
Permanezco tranquila y pertinente por fuera, por dentro ardo con una llama sofocante 33
Creo en la forma vertical de la torcedura del hueso 35
El cuerpo se ha restituido en la semilla 37
El mar es un cuenco de mariposas 39
Escucho pájaros en mi boca 41
REM 43
Si el amor no es un destello de luna, ¿quién calcina a estos histéricos borrachos? 45
En mi sueño, hermana emulaba una canción 47
La mañana se me antoja lenta 49
Cuando Marosa era Marosa yo era una ventana abierta ... 51
Mi locura sería dejar pasar al mundo con su canto 53
Veo una corola de estómagos enfurecidos 55
¿Haciéndome en el interior de la pupila? 57
Pavana sobre la crisis de los 30 59

Nadie sabrá el instinto de la alfombra 61
Existe un poema que modula 63
La carne es esa casa alveolada en la colina 65
En el ala izquierda 67
Atrapo a sorbos y modulo mi cuerpo 69
Frente a nuestra casa resplandecía aquel árbol-zarza ardiendo 71

Esta obra
se acabó de imprimir
con los auspicios de
Charo Fierro y
Antonio J. Huerga, editores

FINIS CORONAT OPUS